Mohamad Taha Sultan

Redes móveis

Mohamad Taha Sultan

Redes móveis

Algoritmos de encaminhamento IP e de encaminhamento MANET

ScienciaScripts

Imprint
Any brand names and product names mentioned in this book are subject to trademark, brand or patent protection and are trademarks or registered trademarks of their respective holders. The use of brand names, product names, common names, trade names, product descriptions etc. even without a particular marking in this work is in no way to be construed to mean that such names may be regarded as unrestricted in respect of trademark and brand protection legislation and could thus be used by anyone.

Cover image: www.ingimage.com

This book is a translation from the original published under ISBN 978-620-2-30695-9.

Publisher:
Sciencia Scripts
is a trademark of
Dodo Books Indian Ocean Ltd. and OmniScriptum S.R.L publishing group

120 High Road, East Finchley, London, N2 9ED, United Kingdom
Str. Armeneasca 28/1, office 1, Chisinau MD-2012, Republic of Moldova, Europe
Printed at: see last page
ISBN: 978-620-8-21504-0

ÍNDICE DE CONTEÚDOS

RESUMO

O crescimento instantâneo da comunicação atrai a atenção dos investigadores neste domínio. Uma rede é classificada com meios de ligação. Atualmente, a rede sem fios é mais popular devido à sua independência em termos de infra-estruturas. A rede ad-hoc móvel é composta por nós sem fios que comunicam entre si através da troca de informações. O caminho escolhido para transferir a informação de um nó para outro chama-se encaminhamento e os protocolos utilizados chamam-se protocolos de encaminhamento. O requisito do protocolo de encaminhamento é enviar e receber informações entre os nós com o caminho mais adequado e com o mínimo de atraso. As MANET funcionam com ondas de rádio sem necessidade de qualquer dispositivo central de coordenação. É uma rede autónoma que suporta uma topologia dinâmica. Com todas estas facilidades, a MANET tem também os seus deméritos. Estas questões estão relacionadas com a segurança e o seu protocolo. Este livro dá uma ideia das redes móveis Ad-hoc, das aplicações das MANET e das suas questões de segurança.

CAPÍTULO 1

1. INTRODUÇÃO

A proliferação de dispositivos móveis de computação e comunicação (por exemplo, telemóveis, computadores portáteis, dispositivos digitais de mão, assistentes pessoais digitais) está a provocar uma mudança revolucionária na nossa sociedade da informação [4][20]. Estamos a passar das tradicionais comunicações com fios para as comunicações sem fios. As redes sem fios consistem num conjunto de nós que comunicam entre si através de um canal sem fios. Existem atualmente duas variantes de redes móveis sem fios: redes com infraestrutura e redes sem infraestrutura. As redes de infra-estruturas, nas quais os dispositivos móveis comunicam com estações de base que estão ligadas a infra-estruturas de rede fixas. Cada nó nas redes com infraestrutura está dentro do alcance de um ponto de acesso fixo, como uma estação de base. As aplicações deste tipo incluem os telemóveis e as redes locais sem fios.

O outro tipo de rede sem fios, as redes sem infra-estruturas, é conhecido como redes móveis ad-hoc (MANET) [21]. Estas redes não têm pontos de acesso fixos e cada nó pode ser um anfitrião ou um router. Todos os nós são capazes de se mover e podem ser ligados dinamicamente de forma arbitrária. Estas redes são auto-configuráveis [22] e sistemas autónomos constituídos por encaminhadores e anfitriões. Estes nós estão limitados em termos de consumo de energia, largura de banda e capacidade de cálculo [20]. As MANET não dispõem de uma administração central nem de uma organização prévia, pelo que as questões de segurança são diferentes e, por conseguinte, exigem mecanismos de segurança diferentes dos das redes convencionais. As ligações sem fios nas MANET tornam-nas mais propensas a ataques. Os piratas informáticos podem atacar facilmente estas redes, obtendo assim acesso a informações confidenciais. Podem também atacar diretamente a rede para apagar mensagens, acrescentar mensagens maliciosas ou mascarar-se como um nó. Isto viola os objectivos da rede em termos de disponibilidade, integridade, confidencialidade, autenticidade e autorização [22]. As MANET requerem uma tecnologia extremamente flexível para estabelecer comunicações em situações que exijam uma rede totalmente descentralizada, sem estações de base fixas, tais como campos de batalha durante guerras, aplicações militares e outras situações de emergência e situações de salvamento aquando de catástrofes. O encaminhamento em redes ad-hoc enfrenta problemas e desafios adicionais quando comparado com o encaminhamento em redes tradicionais com fios.

1.1 Taxonomia das redes sem fios

Uma rede sem fios é, em geral, constituída por um conjunto de hosts móveis que comunicam com outros hosts móveis diretamente ou através de um ponto de acesso (estação de base). Segue-se uma classificação geral das redes sem fios

1.1.1 LANs sem fios e PANs

Uma rede local sem fios (WLAN) é constituída por um conjunto de utilizadores móveis que comunicam através de uma estação de base fixa ou de um ponto de acesso. O nó móvel pode ser qualquer dispositivo, como um palmtop, um PDA, um computador portátil, etc., como mostra a Figura 1.1.

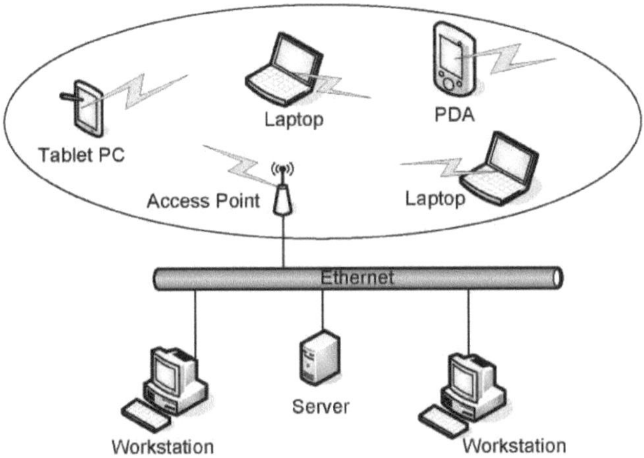

Figura 1.1: LAN sem fios

Estas redes são normalmente instaladas em escritórios, cafetarias, universidades, etc., e são as mais utilizadas atualmente. Existem três tipos de WLANs - Independent Basic Service Set (IBSS), Basic Service Set (BSS) e Extended Service Set (ESS). Uma classificação pormenorizada está fora do âmbito deste livro. A norma IEEE 802.11 é uma norma internacional adoptada para LANs sem fios que proporciona velocidades de transmissão que variam entre 1 Mbps e 54 Mbps nas bandas de frequência de 2,4 GHz ou 5 GHz. A versão mais recente desta norma atualmente em uso é a IEEE 802.11g, que fornece uma largura de banda de até 54 Mbps.

Uma rede de área pessoal sem fios (WPAN) é constituída por dispositivos pessoais que comunicam sem qualquer infraestrutura estabelecida. A norma IEEE 802.15.1 para redes pessoais sem fios, também designada popularmente por Bluetooth, está atualmente a ser utilizada para comunicações de curto alcance, como em câmaras digitais, PDAs, computadores portáteis, etc.

1.1.2 WANs e MANs sem fios

Atualmente, a tendência é para uma Internet sem fios, constituída por nós móveis que acedem à

Internet sem a ajuda de qualquer rede de base. Este tipo de rede baseia-se na arquitetura celular, em que uma grande área a cobrir é dividida em várias células, cada uma com uma estação de base fixa. Cada célula é constituída por vários terminais móveis (MT) que comunicam com outros terminais móveis da mesma célula através da estação de base, como mostra a figura 1.2.

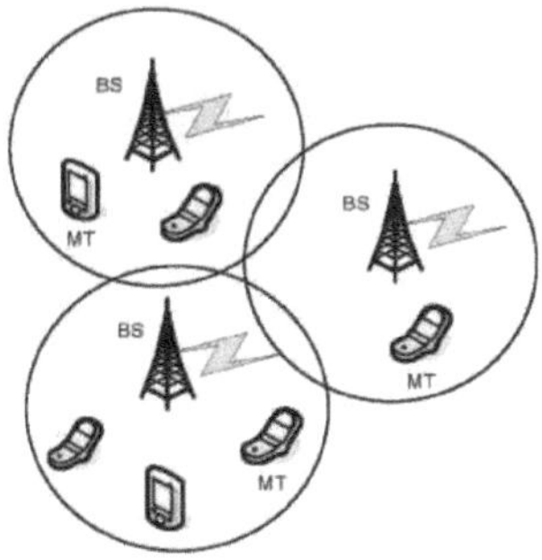

Figura 1.2: Uma rede celular

A comunicação entre nós em células diferentes é efectuada através de um procedimento denominado *handoff*, que envolve a comunicação entre as estações de base das duas células. As redes celulares têm evoluído constantemente desde os sistemas celulares de primeira geração (1G) até aos sistemas de terceira geração (3G). Atualmente, a maior parte da comunicação de dados sem fios tem lugar em sistemas celulares 2G, como TDMA, CDMA, PDC e GSM, ou através da tecnologia de pacotes de dados sobre sistemas analógicos antigos, como o CDPD sobreposto ao AMPS [1]. Embora as redes analógicas tradicionais, tendo sido concebidas para a voz e não para a transferência de dados, tenham alguns problemas inerentes, algumas redes celulares digitais 2G (segunda geração) e as novas redes 3G (terceira geração) estão totalmente integradas para a transmissão de dados/voz. Com o advento das redes 3G, as velocidades de transferência também deverão aumentar consideravelmente.

As redes metropolitanas sem fios (WMAN) são redes que, normalmente, se estendem por vários quilómetros e cobrem grandes partes das cidades. O IEEE 802.16, que se baseia no modelo OSI, é uma norma utilizada para este tipo de redes. É sobretudo utilizada para dados em tempo real e aplicações multimédia, como o vídeo digital e a telefonia.

As WANs sem fios, que podem ligar as filiais de uma empresa, cobrem uma área muito mais extensa do que as LANs sem fios. Nas WANs sem fios, a comunicação ocorre predominantemente através da utilização de sinais de rádio em redes analógicas, celulares digitais ou PCS, embora também seja possível a transmissão de sinais através de micro-ondas e outras ondas electromagnéticas.

1.1.3 Redes móveis ad hoc e de sensores

As redes móveis ad hoc ou MANET são uma categoria de redes sem fios que não requerem qualquer infraestrutura fixa ou estações de base. Podem ser facilmente implantadas em locais onde é difícil instalar qualquer infraestrutura com fios. Como se pode ver na Figura 1.3, não existem estações de base e cada nó tem de cooperar no encaminhamento dos pacotes na rede.

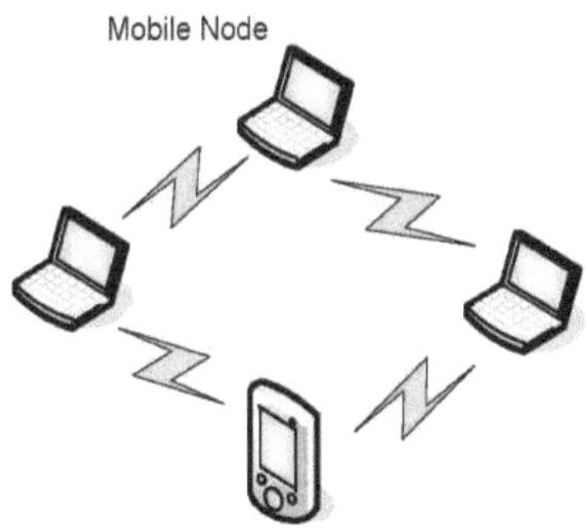

Figura 1.3: Uma rede ad hoc móvel

Assim, cada nó actua como um encaminhador, o que torna o encaminhamento complexo quando comparado com as LAN sem fios, em que o ponto de acesso central actua como encaminhador entre os nós.

Uma rede de sensores é uma categoria especial de redes ad hoc sem fios que consiste em vários sensores instalados sem qualquer infraestrutura fixa. A diferença entre as redes de sensores e as redes ad hoc sem fios normais reside no facto de os nós sensores não serem necessariamente móveis. Além disso, o número de nós é muito maior do que nas redes ad hoc normais. Os nós têm requisitos de energia mais rigorosos, uma vez que funcionam em condições ambientais adversas. Um exemplo de uma rede de sensores é um conjunto de nós que monitorizam a temperatura das caldeiras de uma central térmica. Outros domínios de aplicação são o militar, a segurança interna e os cuidados médicos.

1.2 Vantagens das redes móveis ad hoc

Tendo discutido os problemas gerais das MANET, serão agora abordadas as razões da sua popularidade e as suas vantagens.

(a) *Baixo custo de implantação*: Tal como o nome sugere, as redes ad hoc podem ser implantadas em tempo real, não necessitando de infra-estruturas dispendiosas, como fios de cobre, cabos de dados, etc.

(b) *Implantação rápida*: Quando comparadas com as WLAN, as redes ad hoc são muito cómodas e fáceis de implantar, exigindo menos intervenção manual, uma vez que não há cabos envolvidos.

(c) *Configuração dinâmica:* A configuração da rede ad hoc pode mudar dinamicamente com o tempo. Para muitos cenários, como a partilha de dados em salas de aula, etc., esta é uma caraterística útil. Em comparação com a configurabilidade das LAN, é muito fácil alterar a topologia da rede.

1.3 Aplicações das redes móveis ad hoc

As redes ad hoc têm várias aplicações interessantes que vão desde o campo de batalha até às salas de aula. Nesta secção, são abordados alguns cenários de implantação.

(a) *Campo de batalha*: Num campo de batalha, a comunicação entre soldados e veículos pode ser efectuada através de redes ad hoc. Nessas redes, as tropas de soldados podem comunicar entre si utilizando dispositivos portáteis. Os dispositivos montados nos veículos podem ser equipados com fontes de energia para "recarregar" esses dispositivos móveis.

(b) *Operações de salvamento*: Em cenários como o combate a incêndios ou operações de salvamento em avalanches, é necessária uma implantação rápida de nós. As redes ad hoc podem ser utilizadas em tais cenários para a comunicação entre os trabalhadores.

(c) *Cobertura de eventos*: Cenários como uma conferência de imprensa podem implicar que os repórteres partilhem dados com outros repórteres. Nesses casos, o tráfego multimédia pode ser trocado entre nós, como computadores portáteis, PDA, etc.

(d) *Sala de aula*: Numa sala de aula, os alunos e os professores podem criar uma rede sem fios ad hoc para partilhar dados utilizando computadores portáteis.

1.4 Questões gerais das redes móveis ad hoc

Numa rede ad hoc móvel, todos os nós cooperam entre si para encaminhar os pacotes na rede e, por conseguinte, cada nó é efetivamente um encaminhador. Assim, uma das questões mais importantes é o encaminhamento. Este livro centra-se principalmente nas questões de encaminhamento nas redes ad hoc. Nesta secção, são descritos alguns dos outros problemas das redes ad hoc.

(a) *Rede distribuída:* Uma MANET pode ser considerada como uma rede sem fios distribuída sem qualquer infraestrutura fixa. Por distribuída, entende-se que não existe um servidor centralizado para manter o estado dos clientes, à semelhança das redes peer-to-peer (P2P).

(b) *Topologia dinâmica:* Os nós são móveis e, por conseguinte, a rede auto-organiza-se. Por este motivo, a topologia da rede está sempre a mudar com o tempo. Por conseguinte, os protocolos de encaminhamento concebidos para este tipo de redes devem também adaptar-se às alterações da topologia.

(c) *Consciência da energia:* Uma vez que os nós de uma rede ad hoc funcionam normalmente com baterias e são instalados em terrenos hostis, têm requisitos rigorosos em termos de energia. Isto implica que os protocolos subjacentes devem ser concebidos para conservar a vida da bateria ou, por outras palavras, devem ter em conta a energia.

(d) *Esquema de endereçamento:* A topologia da rede está sempre a mudar dinamicamente e, por conseguinte, o esquema de endereçamento utilizado é bastante significativo. Uma topologia de rede dinâmica implica um esquema de endereçamento omnipresente, que evita a duplicação de endereços. O IP móvel está atualmente a ser utilizado em redes celulares, em que uma estação de base trata de todo o endereçamento dos nós. No entanto, este esquema não se aplica às redes ad hoc devido à sua natureza descentralizada.

(e) *Dimensão da rede:* As aplicações comerciais das redes ad hoc, como a partilha de dados em salas de conferências, reuniões, etc., são uma caraterística atraente das redes ad hoc. No entanto, o atraso envolvido nos protocolos subjacentes impõe um limite superior estrito à dimensão da rede.

(f) *Segurança:* A segurança numa rede ad hoc é de importância primordial em cenários de implantação como o campo de batalha. Os três objectivos da segurança - confidencialidade, integridade e autenticidade - são muito difíceis de alcançar, uma vez que todos os nós da rede participam igualmente na rede.

CAPÍTULO 2

2. roteamento em manets

Ao contrário das redes com fios, o encaminhamento nas MANET coloca desafios únicos. Os projectistas de protocolos de encaminhamento para as MANET têm de abordar várias questões. Nesta secção, estas questões são identificadas e os protocolos de encaminhamento disponíveis para as MANET são classificados. Em seguida, são explicados os princípios de funcionamento de alguns protocolos, como o DSDV, o DSR, o AODV, etc.. Os seus prós e contras são também identificados.

2.1 Questões de conceção

Antes de conceber um protocolo de encaminhamento para as MANET, há que ter em conta as seguintes questões de conceção:

(a) *Topologia dinâmica*: Numa MANET, a topologia da rede está sempre a mudar com o tempo devido ao movimento dos nós e, por isso, as ligações entre os nós sofrem quebras frequentes. Assim, os protocolos de encaminhamento normais para redes com fios não são eficientes, uma vez que foram concebidos para redes estáticas.

(b) *Limitação da largura de banda*: Os nós da rede têm uma largura de banda relativamente baixa quando comparados com as redes com fios tradicionais. Esta é uma questão importante a considerar na conceção de protocolos de encaminhamento para MANET, uma vez que a utilização da largura de banda pelo protocolo de encaminhamento na rede deve ser minimizada.

(c) *Canal de difusão propenso a erros*: Os nós da MANET transmitem a informação a todos os nós vizinhos através do canal sem fios. O próprio canal é suscetível de vários erros, como a atenuação, o desvanecimento multipercurso, etc. Assim, o próprio protocolo de encaminhamento deve ser concebido tendo em conta estas questões.

(d) *Problemas de terminais ocultos e expostos*: O problema do terminal oculto é apresentado na Figura 2.1.

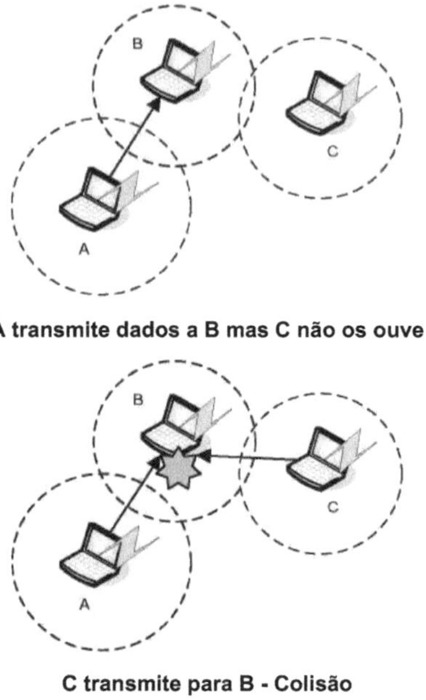

Figura 2.1: O problema do terminal oculto

Este problema ocorre em redes que utilizam protocolos baseados em contenção, como ALOHA, CSMA/CD, etc. Quando dois nós que estão fora do alcance um do outro enviam quadros de dados para um nó que está dentro dos seus respectivos alcances de rádio, ocorre uma colisão de quadros de dados. Como mostra a Figura 2.1, quando os nós A e C transmitem quadros de dados para o nó B, ocorre uma colisão. Este problema pode ser resolvido através da utilização de um mecanismo designado por handshake RTS/CTS [2].

O problema do nó exposto é mostrado na Figura 2.2. Um nó exposto é um nó que está ao alcance do transmissor, mas fora do alcance do recetor. Na Figura 2.2, quando o nó C está a transmitir para o nó D, B ouve-o e fica bloqueado. Agora, se o nó B quiser transmitir para o nó A, não o pode fazer.

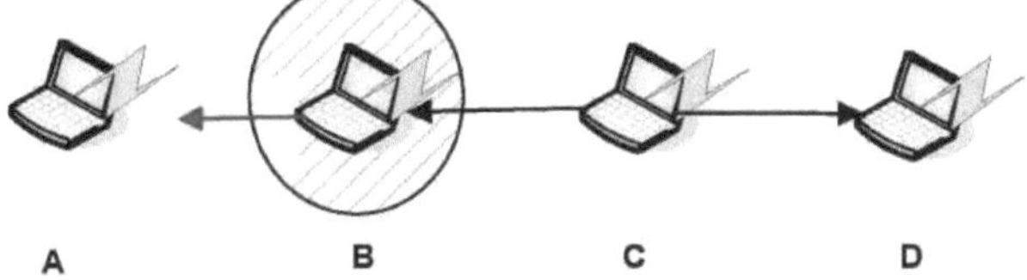

Figura 2.2: O problema do terminal exposto

Isto resulta num desperdício de largura de banda. Os problemas dos terminais ocultos e expostos ocorrem na camada MAC e impedem a transmissão bem sucedida dos pacotes de dados. Isto, por sua vez, também afecta a conceção do protocolo de encaminhamento. Para o evitar, o protocolo de encaminhamento deve reduzir o número de pacotes de difusão para minimizar as colisões.

(e) *Limitações de recursos*: As MANET são constituídas por nós como PDA, computadores portáteis, etc., que têm requisitos rigorosos em termos de energia. Além disso, alguns destes dispositivos têm uma capacidade de processamento limitada. Assim, os protocolos de encaminhamento devem ser eficientes em termos de conservação de energia.

(f) *Limitações de QoS*: Para aplicações como as multimédia, o protocolo de encaminhamento deve fornecer garantias de QoS. No entanto, essas garantias têm como custo uma latência mais elevada e um desempenho deficiente, uma vez que as aplicações multimédia exigem maior largura de banda e taxas de tráfego mais elevadas.

(g) *Segurança*: Devido ao ambiente aberto em que as MANET são normalmente implantadas, os protocolos de encaminhamento são susceptíveis de vários ataques. Além disso, há também a questão da distribuição segura de chaves.

2.2 Classificação dos protocolos de encaminhamento

Foram propostos vários protocolos de encaminhamento para as redes ad hoc. Nesta secção, é apresentada uma classificação geral destes protocolos de encaminhamento. Apenas são considerados os protocolos de encaminhamento unicast e uma classificação aprofundada de todos os protocolos disponíveis está fora do âmbito deste livro. A Figura 2.3 mostra a classificação dos protocolos de encaminhamento para MANETs. Num extremo estão os protocolos de encaminhamento proactivos ou orientados por tabelas, como o protocolo de encaminhamento DSDV (Destination Sequenced Distance Vetor), o WRP (Wireless Routing Protocol), etc. No outro extremo, encontram-se os protocolos a pedido ou reactivos, como o protocolo Dynamic Source Routing (DSR) e os protocolos de encaminhamento Ad hoc On-demand Distance Vetor (AODV). Cada um destes tipos de protocolos é abordado em mais pormenor.

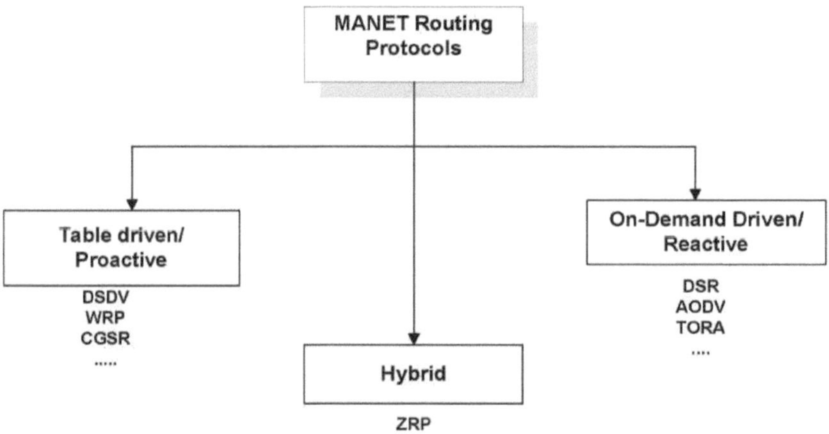

Figura 2.3: Classificação dos protocolos de encaminhamento MANET

2.3 Protocolos de encaminhamento orientados por tabelas/proactivos

Nos protocolos orientados por tabelas ou proactivos, os nós mantêm uma lista ativa de rotas para todos os outros nós da rede numa tabela de encaminhamento. As tabelas são actualizadas periodicamente através da transmissão de informações a outros nós da rede. Assim, são uma extensão dos protocolos de encaminhamento de redes com fios, como o RIP (Routing Internet Protocol). Qualquer nó que pretenda comunicar com outro nó tem de obter o vizinho do próximo salto na rota para o destino a partir da sua tabela de encaminhamento. Alguns exemplos de protocolos de encaminhamento orientados por tabelas são o protocolo de encaminhamento Destination Sequenced Distance-Vetor (DSDV) [3], o Wireless Routing Protocol (WRP) [4], o Cluster Switch Gateway Routing protocol (CGSR) [5], etc. Nas secções seguintes, explica-se o funcionamento do DSDV e do WRP e enumeram-se as vantagens e desvantagens gerais dos protocolos de encaminhamento baseados em tabelas.

2.2.1 Protocolo de encaminhamento DSDV (Destination Sequenced Distance Vetor)

O protocolo DSDV (Destination Sequenced Distance Vetor) é um protocolo de encaminhamento proactivo baseado no algoritmo distribuído de Bellman Ford [6]. Neste protocolo de encaminhamento, cada anfitrião móvel mantém uma tabela que consiste no vizinho do próximo salto e na distância até ao destino em termos de número de saltos. Utiliza *números de sequência* para os nós de destino para determinar a "frescura" de uma determinada rota, a fim de evitar quaisquer loops de encaminhamento de curta ou longa duração. Se duas rotas tiverem o mesmo número de sequência, é anunciada a que tiver a métrica de distância mais pequena. O número de sequência é incrementado a cada atualização enviada pelo anfitrião. Todos os anfitriões transmitem periodicamente as suas tabelas aos nós vizinhos, de modo a manterem uma visão actualizada da rede. As tabelas podem ser actualizadas de duas formas - *de forma incremental* ou através de uma *descarga completa.* Uma atualização incremental é feita quando o nó não observa nenhuma mudança importante na topologia da rede. Uma descarga completa é feita quando a topologia da rede se altera significativamente ou quando uma atualização incremental requer mais do que uma NPDU (Network Packet Data Unit).

Vejamos um exemplo para compreender melhor o mecanismo de encaminhamento. Considere a topologia de rede mostrada na figura 2.4. A tabela de roteamento para esta rede é mostrada na tabela 2.1. Como mostra a tabela, cada nó mantém uma rota para todos os outros nós da rede durante a fase de estabelecimento de rota. Sempre que há uma quebra de ligação na rede, o nó final da ligação quebrada propaga uma mensagem de atualização da tabela de encaminhamento com o peso da ligação quebrada atribuído a infinito. Esta mensagem é transmitida por cada nó aos seus vizinhos. Uma ligação quebrada é indicada por um número de sequência ímpar e uma ligação normal por um número de sequência par. Quando o nó 1 quer enviar dados para o nó 7, ele verifica o vizinho do próximo salto do nó 7, que é o 2, e passa o pacote de dados para ele.

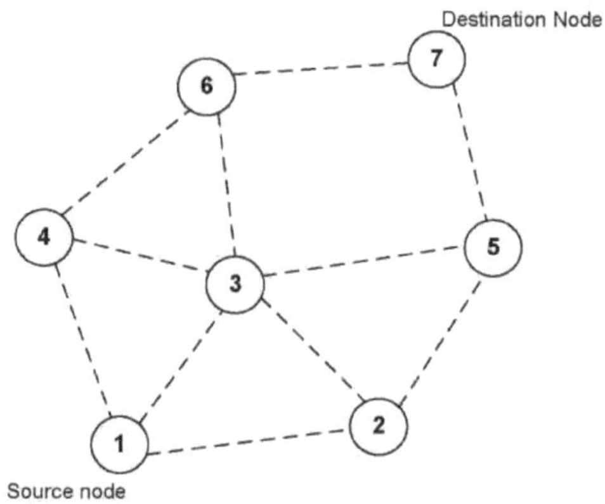

Figura 2.4: Gráfico da topologia da rede

Destination	Next hop	Metric	Sequence number
1	-	0	S40_1
2	2	1	S340_2
3	3	1	S22_3
4	4	1	S334_4
5	2	2	S76_5
6	3	2	S84_6
7	2	3	S94_7

Tabela 2.1: Tabela de encaminhamento para o nó 1

A Figura 2.5 mostra o caso em que o nó 7 sai do alcance dos nós 6 e 5. Assim, a ligação 6-7 e 7-5 é quebrada e a tabela de encaminhamento em 1 é agora reorganizada como mostra a Tabela 2.2. Quando o nó 4 ouve o pedido de atualização do nó 7 com um número de sequência mais elevado, transmite esta informação a todos os nós. Isto eventualmente chega ao nó 1, que altera o próximo salto, a métrica e a entrada do número de seqüência na tabela de roteamento para 7.

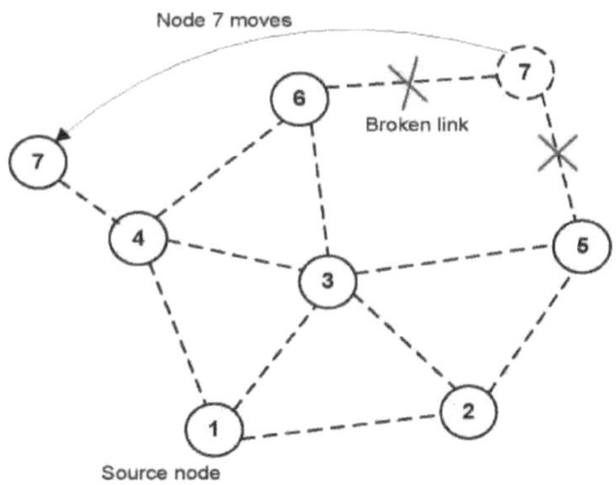

Figura 2.5: Gráfico da topologia da rede quando o nó 7 se desloca

Destination	Next hop	Metric	Sequence number
1	-	0	S40_1
2	2	1	S340_2
3	3	1	S22_3
4	4	1	S334_4
5	2	2	S76_5
6	3	2	S84_6
7	4	2	S98_7

Tabela 2.2: Tabela de encaminhamento modificada para o nó 1

O DSDV garante rotas livres de lacunas para cada destino e também encontra o caminho ótimo. Utiliza um *atraso médio de estabelecimento* para evitar actualizações frequentes da tabela de encaminhamento e quaisquer flutuações causadas por dois anúncios de encaminhamento semelhantes que estejam numa ordem incorrecta dos números de sequência.

2.3.2 Protocolo de encaminhamento sem fios (WRP)

O protocolo de encaminhamento sem fios (WRP) [4] é um protocolo orientado por tabelas baseado no algoritmo distribuído de Bellman Ford e é semelhante ao DSDV. A diferença entre o DSDV e o WRP é o número de tabelas mantidas em cada nó. No WRP, são mantidas em cada nó as seguintes tabelas

a. Tabela de encaminhamento (RT): É utilizada para manter uma visão actualizada da rede para todos os destinos. Consiste no nó de destino, no nó predecessor (penúltimo nó), no nó sucessor (o vizinho do próximo salto) e numa bandeira para indicar o estado do caminho.

b. Tabela de custo de ligação (LCT): Esta tabela armazena o custo (número de saltos para chegar ao destino) da retransmissão de mensagens através de cada ligação. O custo de uma ligação quebrada é considerado infinito. Ela também armazena o número de períodos de atualização passados desde que a última atualização bem-sucedida foi recebida daquele link. Isto é feito para detetar quebras de ligação.

c. Tabela de distâncias (DT): Esta tabela armazena o número de hops entre um nó e o seu destino.

d. Lista de retransmissão de mensagens (LMR): A LMR contém uma entrada para cada mensagem de atualização

retransmitida e tem um contador para cada entrada que é retransmitida após o envio da mensagem.

Outros campos são um sinal de aviso de receção e uma lista de mensagens em cada atualização.

Cada nó envia periodicamente uma mensagem de atualização aos seus vizinhos, que contém uma lista de actualizações e uma lista de respostas indicando qual o nó que deve confirmar a atualização. Quando um nó detecta uma quebra de ligação, envia uma mensagem de atualização aos seus vizinhos com o custo da ligação quebrada definido para infinito. Todos os nós que tinham uma rota ativa para os nós afectados pela quebra de ligação actualizam então as suas entradas correspondentes. Ao armazenar a informação do nó predecessor e obrigar cada nó a verificar se a informação está correta, o WRP evita o problema da *contagem até ao infinito*.

2.3.2.1 O problema da contagem até o infinito

O DSDV e o WRP baseiam-se no algoritmo distribuído de Bellman-Ford, que sofre do problema da contagem até ao infinito, mostrado nas figuras 2.6 (a) e (b) [7]. Considere quatro nós A, B, C e D na rede. As tabelas de encaminhamento de B, C e D contêm inicialmente as métricas (número de saltos) 1, 2 e 3, respetivamente, para o nó de destino A, como mostra a figura 2.6 (a).

Considere a situação em que a ligação entre A e B é interrompida, como mostram as linhas vermelhas tracejadas e pontilhadas na figura 2.6 (b). B sabe disso, mas vê uma rota para A com dois saltos na tabela de roteamento de C (C-B-A) e, portanto, aumenta a métrica em sua própria tabela para 3 (denotando a rota B-C-B-A). Quando C vê que seu vizinho de próximo salto B incrementou sua métrica, ele também é forçado a incrementar sua métrica em 1 a mais que B. Da mesma forma, D segue. Desta forma, existe uma situação em que um número infinito de actualizações leva à desestabilização de toda a rede.

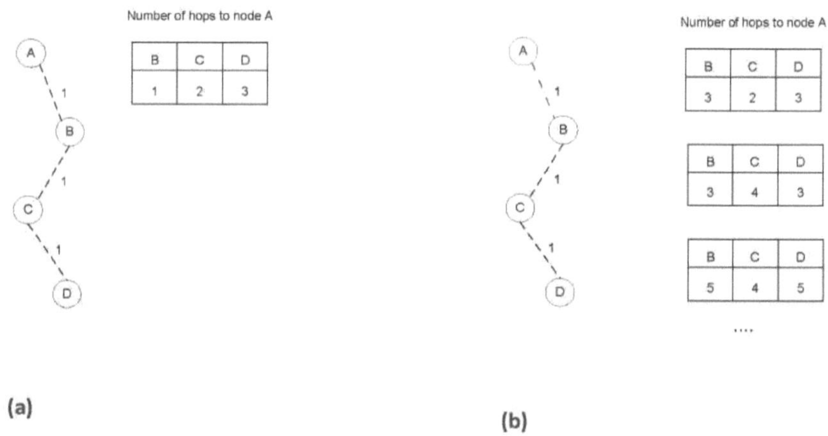

Figura.2.6: O problema da contagem até ao infinito

O WRP tem uma convergência mais rápida do que o DSDV e também reduz o número de actualizações da tabela de encaminhamento necessárias. No entanto, a sobrecarga de manutenção das quatro tabelas é muito elevada.

2.3.3 Prós e contras dos protocolos de encaminhamento orientados por tabelas

Uma das principais vantagens dos protocolos de encaminhamento baseados em tabelas é o facto de a informação de encaminhamento para qualquer nó estar sempre disponível, uma vez que as rotas para todos os nós são armazenadas na tabela de encaminhamento. Mas isto também significa que as tabelas de encaminhamento podem conter rotas para destinos que não são necessários. Devido a este facto, há um maior consumo de memória em cada nó à medida que a dimensão da rede aumenta. Além disso, verificou-se que os protocolos orientados para a tabela, como o DSDV, não convergem com taxas de mobilidade mais elevadas dos nós.

2.4 Protocolos de encaminhamento a pedido/reativos

Em contraste com os protocolos de encaminhamento baseados em tabelas, os protocolos de encaminhamento a pedido só encontram uma rota para um destino quando esta é necessária. Os protocolos a pedido têm duas fases em comum - a descoberta de rotas e a manutenção de rotas. No procedimento de descoberta de rotas, um nó que pretenda comunicar com outro nó inicia um mecanismo de descoberta se ainda não tiver a rota na sua cache. O nó de destino responde com uma rota válida. A fase de manutenção da rota envolve a verificação de ligações interrompidas na rede e a atualização das tabelas de encaminhamento. Descreve-se agora o funcionamento de alguns protocolos de encaminhamento reactivos.

2.4.1 Protocolo de encaminhamento dinâmico de fontes (DSR)

O Dynamic Source Routing Protocol [8] é um protocolo de encaminhamento a pedido que se baseia no conceito de *encaminhamento pela fonte*. No encaminhamento pela fonte, um nó remetente especifica, no cabeçalho do pacote, a lista completa de nós que o pacote deve atravessar para chegar ao nó de destino. Isto significa essencialmente que cada nó só precisa de encaminhar o pacote para o seu próximo salto especificado no cabeçalho e não precisa de verificar a sua tabela de encaminhamento como nos protocolos de encaminhamento orientados por tabelas. Além disso, os nós não precisam de transmitir periodicamente as suas tabelas de encaminhamento aos nós vizinhos. O protocolo DSR funciona em duas fases, conforme descrito a seguir

2.4.1.1 Descoberta de rotas:

Na fase de descoberta de rota, o nó de origem estabelece uma rota transmitindo pacotes de pedido de rota (RREQ) a todos os seus vizinhos. Cada nó vizinho, por sua vez, retransmite os pacotes aos seus vizinhos se ainda não o tiver feito, ou se não for o nó de destino, desde que o contador TTL (Time To Live) seja superior a zero. Além disso, *os IDs dos* pedidos são utilizados para determinar se um pedido de rota específico foi recebido anteriormente pelo nó. Cada nó mantém uma lista de pares *<iniciador, id do pedido>* recentemente recebidos. Se dois pedidos de rota com o mesmo *<iniciador, id do pedido>* forem recebidos por um nó de encaminhamento, este transmite apenas um deles e descarta o outro. Isso também evita a formação de loops de roteamento na rede. Quando o pacote chega ao nó de destino, este envia um pacote de resposta (RREP) no caminho inverso de volta ao remetente. Este pacote de resposta contém a rota para esse destino. A Figura 2.7 mostra um exemplo do mecanismo de descoberta de rotas. Quando o nó 1 quer comunicar com o nó 7, inicia um mecanismo de descoberta de rota e transmite o pacote de pedido RREQ aos seus nós vizinhos 2, 3 e 4, como se mostra. No entanto, o nó 3 também recebe os pacotes de difusão dos nós 4 e 2 com o mesmo *par <iniciador, id do pedido>*. Ele descarta ambos e transmite o outro pacote para seus vizinhos. Os outros nós seguem o mesmo procedimento. Quando o pacote chega ao nó 7, este insere o seu próprio endereço, inverte a rota no registo e envia-o de novo no caminho inverso para o destino.

O nó de destino envia a melhor rota (recebida primeiro) e guarda as outras rotas para o futuro. É mantida uma *cache de rotas* em cada nó para que, sempre que um nó receba um pedido de rota e encontre uma rota para o nó de destino na sua própria cache, envie ele próprio um pacote RREP sem o difundir.

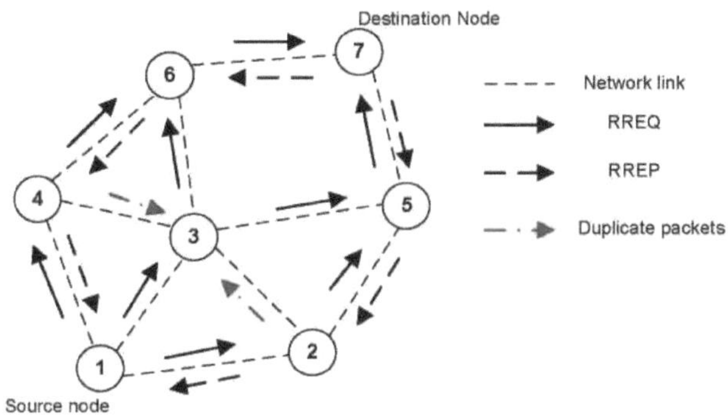

Figura 2.7: Descoberta de rota no DSR

2.4.1.2 Manutenção do itinerário:

A fase de manutenção da rota é efectuada sempre que existe uma ligação quebrada entre dois nós. Uma ligação quebrada pode ser detectada por um nó através da monitorização passiva em modo promíscuo ou da monitorização ativa da ligação. Como mostrado na Figura 2.8, quando um nó intermediário no caminho se afasta, causando a quebra de uma ligação sem fio (6-7), um pacote de erro de rota (RERR) é enviado pelo nó intermediário de volta ao nó de origem. O nó de origem reinicia o procedimento de descoberta de rota para encontrar uma nova rota para o destino. Também remove quaisquer entradas de rota que possa ter na sua cache para o nó de destino.

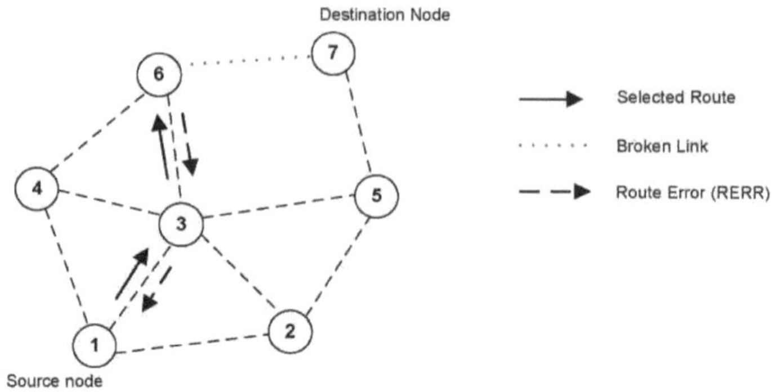

Figura 2.8: Manutenção da rota no DSR

O DSR beneficia do encaminhamento pela fonte, uma vez que os nós intermédios não necessitam de manter informações de encaminhamento actualizadas para encaminhar os pacotes que encaminham. Também não há necessidade de mensagens periódicas de anúncio de encaminhamento. No entanto, à medida que a dimensão da rede aumenta, a sobrecarga de encaminhamento aumenta, uma vez que cada pacote tem de transportar consigo todo o percurso até ao destino. A utilização de caches de rotas é um bom mecanismo para reduzir o atraso de propagação, mas a utilização excessiva da cache pode resultar num fraco desempenho [8]. A desvantagem do DSR é que sempre que há uma quebra de ligação, o pacote RERR propaga-se para a fonte original, que por sua vez inicia um novo processo de descoberta de rota. Assim, a ligação não é reparada localmente. São possíveis várias optimizações do DSR, como *pedidos de rota não propagantes* (quando enviam RREQ, os nós definem o limite de saltos para um, impedindo-os de retransmitir), *respostas de rota gratuitas* (quando um nó ouve um pacote com o seu próprio endereço listado no cabeçalho, envia um RREP para o nó de origem, ignorando os saltos anteriores), etc. Uma explicação detalhada das optimizações DSR pode ser encontrada em [8][21].

2.4.2 Protocolo de encaminhamento AODV (Ad hoc On-demand Distance Vetor)

O protocolo de encaminhamento Ad hoc On-demand Distance Vetor [9][22] herda as boas caraterísticas do DSDV e do DSR. O protocolo de encaminhamento AODV utiliza uma abordagem reactiva para encontrar rotas e uma abordagem proactiva para identificar o caminho mais recente. Mais especificamente, encontra rotas utilizando o processo de descoberta de rotas semelhante ao DSR e utiliza números de sequência de destino para calcular rotas recentes. As duas fases são analisadas mais pormenorizadamente

2.4.2.1 Descoberta de rotas

Durante o processo de descoberta da rota, o nó de origem transmite pacotes RREQ semelhantes aos do DSR. O pacote RREQ contém o identificador de origem (SId), o identificador de destino (DId), o número de sequência de origem (SSeq), o número de sequência de destino (DSeq), o identificador de difusão (BId) e os campos TTL. Quando um nó intermédio recebe um pacote RREQ, reencaminha-o ou prepara um pacote de resposta ao itinerário (RREP) se tiver na sua cache um itinerário válido para o destino. O par (SId, BId) é utilizado para determinar se um determinado RREQ já foi recebido, de modo a eliminar duplicados. Cada nó intermédio introduz o endereço do nó anterior e o seu BId ao reencaminhar um pacote RREQ. O nó também mantém um temporizador associado a cada entrada, de modo a eliminar um pacote RREQ se a resposta não for recebida antes de expirar.

Sempre que um pacote RREP é recebido por um nó, este armazena a informação do nó anterior de modo a reencaminhar o pacote para esse nó como o próximo salto em direção ao destino. Isto funciona como um "ponteiro de encaminhamento" para o nó de destino. Assim, cada nó mantém apenas a informação do próximo salto, ao contrário do encaminhamento de origem, em que são armazenados todos os nós intermédios na rota para o destino.

A Figura 2.9 mostra um exemplo de mecanismo de descoberta de rota no AODV.

Suponhamos que o nó 1 quer enviar um pacote de dados para o nó 7 mas não tem uma rota na sua cache. Então, ele inicia um processo de descoberta de rota transmitindo um pacote RREQ para todos os seus nós vizinhos.

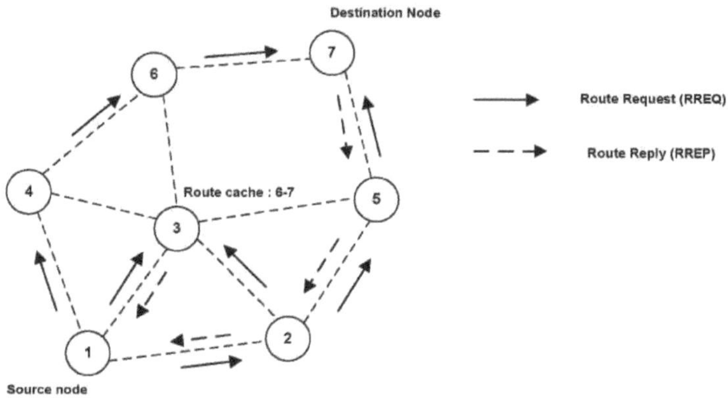

Figura 2.9: Descoberta de rota no AODV

Insere os campos SId, DId, SSeq, DSeq, BId e TTL no pacote RREQ. Quando os nós 4, 3 e 2 o recebem, verificam as suas caches de rotas para ver se já têm uma rota. Se não tiverem uma rota, reencaminham-na para os seus vizinhos; caso contrário, o número de sequência de destino DSeq no pacote RREQ é comparado com o DSeq na sua entrada correspondente na cache de rotas. Se o DSeq no pacote RREQ for maior, então o nó responde ao nó de origem com um pacote RREP contendo a rota para o destino. Na figura 2.9, o nó 3 tem uma rota para o 7 na sua cache e o seu DSeq é superior ao do pacote RREQ. Por isso, envia um RREP de volta para o nó fonte 1. Assim, o caminho 1-3-6-7 é armazenado no nó 1. O nó de destino também envia um RREP de volta para a fonte. Por exemplo, uma rota possível é 1-2-5-7. Os nós intermédios no caminho da origem para o destino actualizam as suas tabelas de encaminhamento com o DSeq mais recente no pacote RREP.

2.4.2.2 Manutenção das rotas

O mecanismo de manutenção de rotas funciona da seguinte forma - Sempre que um nó detecta uma quebra de ligação através de reconhecimentos da camada de ligação ou de beacons HELLO [20], os nós de origem e de destino são notificados através da propagação de um pacote RERR semelhante ao DSR. Isto é mostrado na Figura 2.10. Se a ligação entre os nós 3 e 5 se quebrar no caminho 1-3-5-7, então tanto 5 como 3 enviarão pacotes RERR para notificar os nós de origem e destino.

Uma otimização possível na manutenção de rotas do AODV é a utilização de uma pesquisa em anel em expansão para controlar o fluxo de RREQ e descobrir rotas para destinos desconhecidos [10]. A principal vantagem do AODV é o facto de evitar o encaminhamento a partir da fonte, reduzindo assim a sobrecarga de encaminhamento em grandes redes. Além disso, também fornece números de sequência de destino, o que permite que os nós tenham rotas mais actualizadas. No entanto, o AODV requer ligações bidireccionais e confirmações periódicas da camada de ligação para detetar ligações interrompidas. Além disso, tem de manter tabelas de encaminhamento para a manutenção de rotas, ao contrário do DSR.

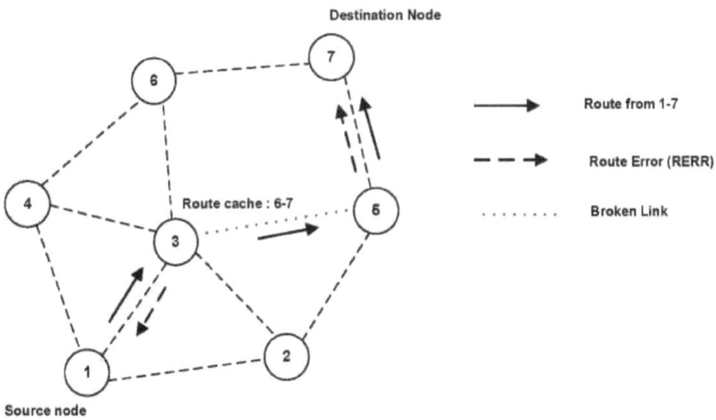

Figura 2.10: Manutenção da rota no AODV

2.4.3 Comparação entre DSR e AODV

A Tabela 2.3 apresenta uma comparação das caraterísticas do DSR e do AODV:

Feature \ Protocol	DSR	AODV
Destination sequence numbers	Not used	Used
Link Layer acknowledgements	Not Required	Required (using HELLO beacons) for link breakage detection
Routing mechanism	Source routing – Multiple route caches for each destination	Table driven – one entry per destination. Sequence numbers used for
Route storage mechanism	Using route caches	Using routing tables
Timers	Not Used	Used
Multiple Route caches	Yes	No
Optimizations	Salvaging, Gratuitous route replies (RREP) and Route Error (RERR), non-propagating route requests [11]	Expanding ring search [10]

Tabela 2.3: Comparação das caraterísticas do DSR e do AODV

A principal diferença é o encaminhamento na fonte utilizado pelo DSR, em contraste com o encaminhamento em tabela utilizado pelo AODV. Devido a este facto, o DSR tem uma carga de encaminhamento mais elevada quando a dimensão da rede aumenta, uma vez que cada cabeçalho de pacote tem normalmente mais informações do que o AODV. Outra diferença importante é que o AODV requer confirmações da camada de ligação ou sinalizadores HELLO em intervalos periódicos para detetar quebras de ligação. No entanto, o DSR evita esta caraterística e, por conseguinte, é mais eficiente. Além disso, a DSR armazena várias caches de rotas para um destino, ao passo que o AODV não o faz. Verificou-se que isto tem um impacto no atraso extremo-a-extremo e na fração de entrega à medida que a dimensão da rede aumenta [10]. Verificou-se que o DSR tem um bom desempenho em redes pouco carregadas, enquanto o AODV tem um bom desempenho em redes mais sobrecarregadas (com maior densidade de nós). O AODV também beneficia dos seus mecanismos de temporização, mantendo entradas de rota mais frescas em comparação com o DSR, que não implementa quaisquer temporizadores. Além disso, no DSR todos os pedidos que chegam a um nó de destino são respondidos, ao passo que no AODV o destino responde apenas uma vez ao pedido que chega primeiro e ignora os outros.

2.4.4 Prós e contras dos protocolos de encaminhamento reactivos

A principal vantagem dos protocolos de encaminhamento proactivos é que não são necessárias actualizações periódicas do encaminhamento. Assim, o número de pacotes de encaminhamento na rede é reduzido, diminuindo a carga na rede. Além disso, as quebras de ligação são detectadas por um mecanismo de manutenção de rotas apenas quando necessário, ao contrário dos protocolos orientados por tabelas, que mantêm rotas actualizadas através da propagação de actualizações periódicas. Em geral, os protocolos de encaminhamento a pedido têm um melhor desempenho com taxas de mobilidade mais elevadas dos nós e apresentam uma baixa latência em redes moderadas a grandes [10].

2.5 Protocolos de encaminhamento híbridos

Os protocolos de encaminhamento híbridos herdam as caraterísticas dos protocolos de encaminhamento a pedido e orientados por tabelas. Estes protocolos foram concebidos para minimizar as despesas de controlo dos protocolos de encaminhamento proactivos e reactivos. O funcionamento dos protocolos de encaminhamento híbridos é ilustrado com um exemplo - o Zone Routing Protocol (ZRP).

2.5.1 Protocolo de encaminhamento de zonas (ZRP)

O Zone Routing Protocol [12] é um protocolo híbrido que combina as melhores caraterísticas dos protocolos de encaminhamento reativo e proactivo. O protocolo em si é composto por quatro componentes: (i) o protocolo de encaminhamento intra-zona (IARP), (ii) o protocolo de encaminhamento reativo inter-zona (IERP), e (iii) o protocolo de resolução de cast de fronteira (BRP). O princípio de funcionamento do ZRP é o seguinte.

Toda a rede é efetivamente dividida em *zonas*, em que cada zona representa uma pequena parte da rede. Cada nó da zona mantém uma tabela de encaminhamento com uma entrada para cada outro nó da sua zona. Também especifica um raio de zona que representa o número máximo de saltos para alcançar o nó mais distante da zona. Dentro de uma zona, o encaminhamento é feito por um mecanismo orientado por tabela, usando o protocolo IARP. Um nó pode pertencer a mais de uma zona. A Figura 2.11 mostra o conceito de zona de roteamento e raio de zona. Os nós dentro de uma zona trocam actualizações periódicas de rota. Entre zonas, a comunicação ocorre usando o IERP, no qual um nó que deseja se comunicar com um nó em uma zona diferente envia um pacote de solicitação de rota para todos os nós na fronteira da zona. Por exemplo, na Figura 2.11, se o nó 2 quiser comunicar com o nó 7, enviará pacotes de pedido aos nós 1, 3 e 5.

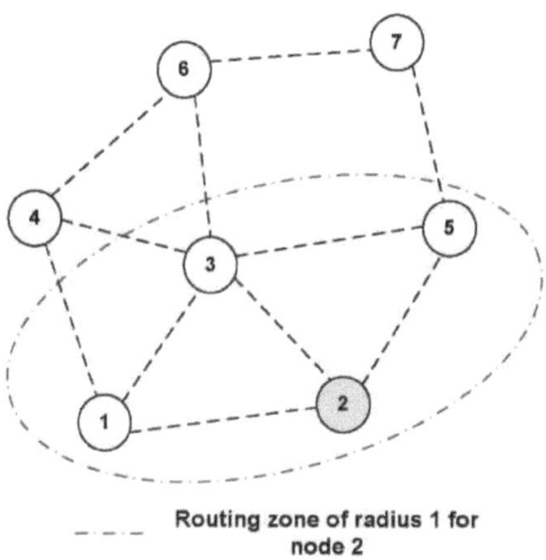

Figura 2.11: Zona de encaminhamento e raio da zona

Para encontrar o nó de fronteira, é utilizado o BRP. Se um nó de fronteira encontrar a entrada de rota para o nó de destino na sua tabela de encaminhamento intra-zona, envia um pacote de resposta diretamente para o nó de origem, caso contrário retransmite o pedido para os seus nós periféricos. O processo continua até se atingir o nó de destino, que envia uma resposta ao nó de origem com a rota no seu cabeçalho. No caso de a fonte receber várias respostas de rota, seleciona a melhor rota com base em métricas como o número de saltos, a latência, etc. Se um nó detecta uma ligação quebrada, é efectuada uma reconfiguração local do caminho, selecionando um caminho mais curto que ligue as extremidades da ligação quebrada. O nó de origem é notificado desta nova rota.

2.5.2 Prós e contras dos protocolos de encaminhamento híbridos

Os protocolos de encaminhamento híbridos herdam as caraterísticas desejáveis dos protocolos de encaminhamento proactivos e reactivos. Consequentemente, o atraso e a sobrecarga da descoberta de rotas são evitados, uma vez que localmente (por exemplo, dentro de uma zona) as rotas estão sempre disponíveis. Evita actualizações periódicas para nós que se encontram a uma grande distância, utilizando uma abordagem reactiva, reduzindo assim a sobrecarga de controlo em grandes redes.

CAPÍTULO 3

3. SEGURANÇA NAS MANETs

As MANET têm certas caraterísticas únicas que as tornam vulneráveis a vários tipos de ataques. Uma vez que são implantadas num ambiente aberto em que todos os nós cooperam no encaminhamento dos pacotes na rede, os nós maliciosos são difíceis de detetar. Por conseguinte, é bastante difícil conceber um protocolo seguro em comparação com as redes com fios ou as redes sem fios baseadas em infra-estruturas. Esta secção aborda algumas das questões e desafios que um projetista de protocolos seguros enfrenta. Estas questões são analisadas em relação aos principais objectivos de um protocolo seguro - confidencialidade, integridade e disponibilidade, autenticidade e não repúdio. De seguida, são discutidos os ataques e as ameaças permitidos pelos protocolos de encaminhamento MANET existentes. Em seguida, descreve-se o funcionamento de alguns protocolos de encaminhamento seguro que abordam estas ameaças, como o SEAD, o ARIADNE, o ARAN e o SRP.

3.1 Desafios na conceção de protocolos seguros

Esta secção enumera as questões e os desafios na conceção de protocolos seguros para as MANET.

(a) *Canal de rádio de difusão partilhada*: Nas MANET, o canal de rádio é partilhado por todos os nós através da difusão dos dados. Devido a este facto, qualquer nó malicioso pode facilmente "bisbilhotar" os dados, violando assim a confidencialidade na rede. Isto pode ser minimizado através da utilização de uma antena direcional.

(b) *Ambiente hostil:* As MANET são normalmente implantadas em ambientes hostis, como os campos de batalha. Nesses casos, os próprios nós são susceptíveis de sofrer ataques. Assim, o protocolo deve abordar não só os ataques provenientes do exterior da rede, mas também os ataques lançados a partir do interior da rede. Estes ataques internos são graves e podem violar todos os objectivos de segurança.

(c) *Arquitetura descentralizada:* Nas redes com fios e nas redes baseadas em infra-estruturas sem fios (como as LAN sem fios), existe um servidor fixo que autentica os utilizadores e gere as chaves. Por exemplo, pode ser instalado um servidor RADIUS para a autenticação e um servidor de certificados para a gestão de chaves, como se mostra na figura 3.1. Aqui, a estação sem fios C1 envia as suas credenciais de autenticação para o autenticador (Ponto de Acesso B) utilizando um protocolo como o EAPOL, que por sua vez encaminha a informação para o servidor de autenticação back-end.

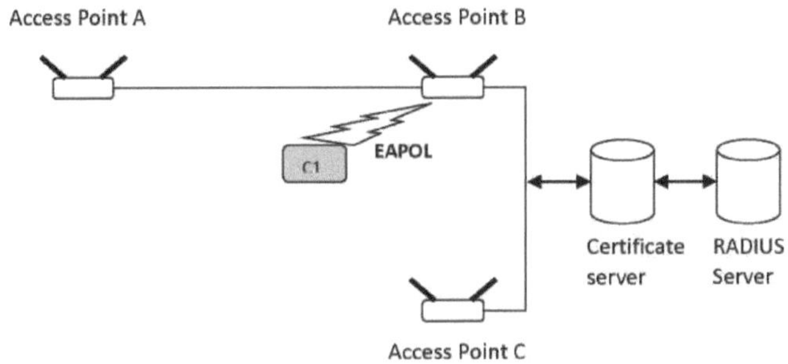

Figura 3.1: Esquema de autenticação centralizada em LANs sem fio

Este esquema centralizado é inviável numa rede ad hoc devido à sua natureza distribuída.

(d) *Topologia dinâmica:* Tal como referido nas questões gerais das redes ad hoc, os nós numa MANET são altamente dinâmicos por natureza e, por conseguinte, a topologia da rede está sempre a mudar. Por este motivo, a relação de confiança entre os nós também está sempre a mudar. Por exemplo, se for detectado um nó malicioso numa rede, a sua relação com os nós circundantes altera-se. Por este motivo, o protocolo de segurança também tem de se adaptar a estas alterações.

(e) *Limitações de energia:* Os nós numa MANET são dispositivos como PDAs, computadores portáteis, etc., que funcionam com baterias. A adição de "camadas" de segurança aumenta a sobrecarga de desempenho e consome também a largura de banda da rede. Uma das graves implicações desta situação é o facto de os nós serem facilmente vulneráveis a ataques como o de negação de serviço (DoS). Assim, a solução de segurança deve também ter em conta a energia.

3.2 Encaminhamento seguro em MANETs

Este livro centra-se principalmente nas questões de segurança numa perspetiva da camada de rede. Existem vários protocolos de encaminhamento para MANETs, embora nenhum deles aborde a questão mais importante, nomeadamente a segurança. Para estudar os ataques e ameaças e conceber um protocolo que os resolva, é necessário compreender o ambiente operacional.

O ambiente pode ser um *ambiente gerido,* em que existe uma autoridade de confiança comum, como um servidor RADIUS, ou pode ser um *ambiente aberto*, em que não existe uma relação de confiança a priori entre os nós. Por exemplo, num campo de batalha, os nós têm uma autoridade de confiança comum que executa as funções de gestão das chaves. As MANET enquadram-se normalmente no tipo de ambiente aberto, uma vez que os nós são móveis e estabelecem uma ligação de forma dinâmica. Outro tipo de ambiente possível é o ambiente *aberto gerido*, em que os nós já estabeleceram algumas infra-estruturas de segurança. Esta actua como ponto de partida para estabelecer a relação de confiança entre os nós. Vários mecanismos de autenticação baseados em certificados, que serão discutidos na secção 3.4, pressupõem um ambiente deste tipo. Além disso, o ambiente pode ser *gerido como hostil*, o que representa cenários como as redes militares, em que a segurança é de importância primordial.

Dependendo destes ambientes, foram descobertos vários ataques e ameaças permitidos pelos protocolos de encaminhamento existentes. Os protocolos de encaminhamento existentes foram melhorados para fazer face a estes ataques. As secções seguintes abordam-nos mais pormenorizadamente:

3.2.1 Ataques e explorações dos protocolos de encaminhamento existentes

Os ataques aos protocolos de encaminhamento podem, em geral, ser classificados como ataques *de perturbação do encaminhamento* (o atacante tenta perturbar o mecanismo de encaminhamento encaminhando os pacotes por caminhos errados) e ataques *de consumo de recursos* (alguns nós não cooperativos ou egoístas podem tentar injetar pacotes falsos para consumir a largura de banda da rede). Estes dois ataques são exemplos de ataques de negação de serviço (DoS). A Figura 3.2 apresenta uma classificação mais alargada dos possíveis ataques nas MANET.

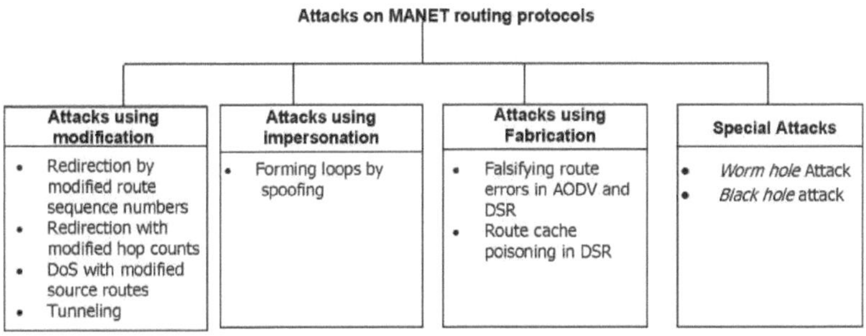

Figura 3.2: Classificação dos ataques aos protocolos de encaminhamento das MANET

A maioria dos ataques descritos incide sobre os protocolos a pedido e reactivos, como o AODV, DSR, etc. As secções seguintes analisam estes ataques em mais pormenor.

3.2.1.1 Ataques com modificação

Neste tipo de ataque, os campos de protocolo das mensagens transmitidas entre os nós são modificados, resultando assim em subversão do tráfego ou ataques de negação de serviço (DoS). As secções seguintes abordam alguns destes ataques.

(a) *Redireccionamento através de números de sequência de rotas modificados*: Este ataque é possível contra o protocolo AODV. Considere-se a rede apresentada na figura 3.3 [13]. Se M é um nó malicioso que ouve o pacote RREQ de difusão para o destino X originado por S, então envia um pacote RREP falso com uma rota mais longa para X (adicionando-se a si próprio à lista) e um número de sequência de destino maior do que o último anunciado por X. Isto fará com que S encaminhe todos os seus pacotes através de M, uma vez que M anuncia uma rota mais recente para X.

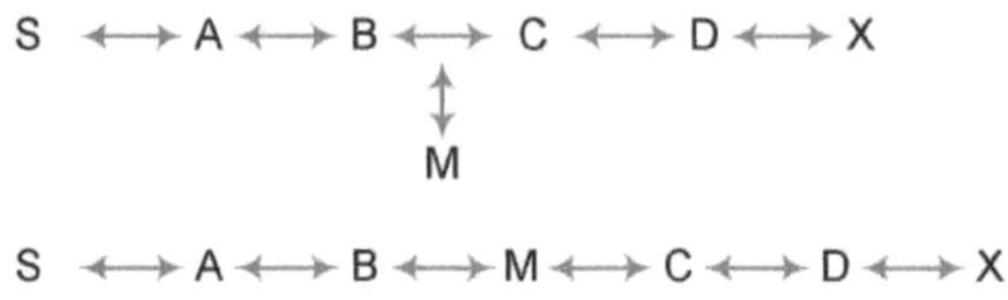

Figura 3.3: Exemplo de MANET com um nó malicioso [13]

(b) *Redireccionamento com contagem de saltos modificada:* Este tipo de ataque é direcionado contra o protocolo AODV, no qual um nó malicioso pode aumentar as hipóteses de ser incluído numa rota recém-criada, redefinindo o campo de contagem de saltos de um pacote RREQ para zero.

(c) *Negação de serviço com rotas de origem modificadas*: Este ataque é possível contra o DSR que usa rotas de origem e funciona da seguinte forma - na figura 3.3, suponha que existe um caminho mais curto de S para X. Suponha também que C e X não se podem ouvir um ao outro, que os nós B e C não se podem ouvir um ao outro, e que M é um nó malicioso a tentar um ataque de negação de serviço. Suponha que S envia um pacote de dados para X com a rota de origem S-A-B-C-D-X. Se M intercepta este pacote, remove D da lista e o reencaminha para C, C tentará reencaminhar este pacote para X, o que não é possível uma vez que C não consegue ouvir X. Assim, M lançou com sucesso um ataque DoS a X.

3.2.1.2 Ataques com personificação

Estes tipos de ataques violam a autenticidade e a confidencialidade numa rede. Um nó malicioso pode fazer-se passar por outro nó ou falsificar o endereço de outro nó para alterar a visão da topologia da rede tal como é percebida por outro nó. Estes ataques podem resultar na formação de loops, como se descreve de seguida.

(a) *Formação de loops por spoofing*: Como mostrado na figura 3.4 [13], suponha que existe um caminho de A para X. Além disso, vamos supor que A pode ouvir B e D (o que significa que A está no alcance de rádio de B e D), B pode ouvir A e C; D pode ouvir A e C; e C pode ouvir B, D, E. Suponha também que um nó malicioso M pode ouvir A, B, C e D. O ataque pode ser descrito da seguinte forma:

"Para iniciar o ataque, M altera o seu endereço MAC para corresponder ao de A, aproxima-se e sai do alcance de A. De seguida, envia um RREP para B que contém uma contagem de saltos para X inferior à enviada por C, por exemplo, zero. Assim, B altera a sua rota para o destino, X, para passar por A, como ilustrado na Figura. 3.4. M altera então o seu endereço MAC para corresponder ao de B, aproxima-se e sai do alcance de B e envia a C um RREP com um hop-count para X inferior ao que foi anunciado por E. C encaminha-se então para X através de B. Nesta altura, forma-se um loop e X é inalcançável a partir dos quatro nós. O ataque é possível com um único atacante malicioso; no entanto, vários atacantes podem colaborar para obter o mesmo resultado."

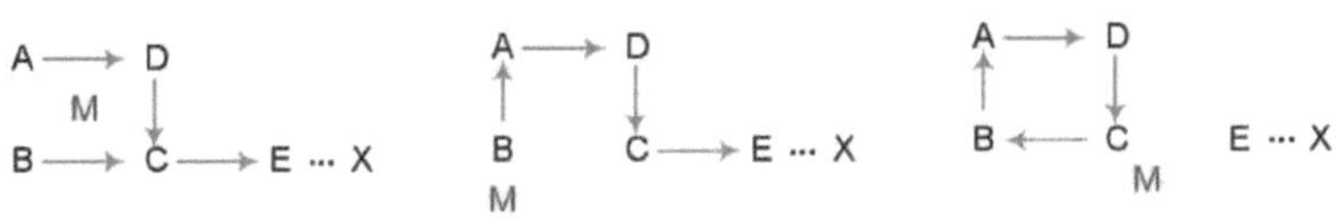

Figura 3.4: Formação de loops por spoofing [13]

3.2.1.3 Ataques com recurso a fabrico

Neste tipo de ataque, um nó malicioso tenta injetar mensagens ou pacotes de encaminhamento falsos para perturbar o mecanismo de encaminhamento. Estes ataques são difíceis de detetar numa MANET, uma vez que os pacotes de encaminhamento parecem ser pacotes legítimos para os nós que os processam. Os seguintes ataques são exemplos de ataques por fabricação.

(a) *Falsificação de erros de rota*: Este tipo de ataque explora o mecanismo de difusão do envio de pacotes de erro de rota (RERR) nos protocolos de encaminhamento AODV e DSR. Considere novamente a rede mostrada na Figura. 3.3. Suponhamos que M é um nó malicioso que ouve pacotes de difusão de B e C. M pode lançar um ataque de fabricação contra X difundindo falsos pacotes RERR para o nó B, indicando uma ligação quebrada entre os nós C e X. B recebe a mensagem de erro de rota falsificada pensando que veio de C. Assim, B apaga a sua entrada de encaminhamento para o nó X e reencaminha o pacote RERR para o nó A, que também segue o exemplo. Se M repetir este procedimento sempre que o nó S estabelecer uma rota para o nó X, impede o nó S de comunicar com o nó X.

(b) *Route cache poisoning*: Refere-se a ataques que modificam ou corrompem as tabelas de encaminhamento através da injeção de pacotes de encaminhamento falsos. Este tipo de ataque é possível contra uma versão optimizada do protocolo DSR, em que os nós descobrem rotas de nós vizinhos escutando promiscuamente no canal de difusão. Por exemplo, na figura 3.3, se algum nó ouvir a rota de S para X, ele adicionará essa entrada à sua tabela de roteamento. Supondo que um nó malicioso M anuncia rotas para X através de si próprio, ou seja, S-A-B-C-M-C-D- X, cria entradas de rotas falsas na tabela de encaminhamento do nó que está a ouvir.

3.2.1.4 Ataques especiais

Para além dos ataques descritos acima, existem dois outros ataques graves que são possíveis contra protocolos de encaminhamento como o AODV, DSR, etc. Estes são descritos de seguida *(a)* *Ataque Wormhole:* O ataque wormhole é um tipo grave de ataque em que dois nós maliciosos em conluio podem encapsular pacotes através de um "túnel" ou corte de vértice na rede, como mostra a figura 3.5.

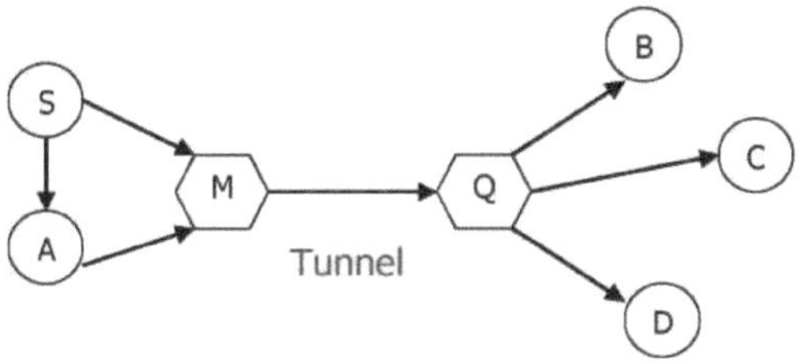

Figura 3.5: Ataque Wormhole

Neste caso, M e Q são dois nós maliciosos que fazem o túnel dos pacotes de uma sub-rede para outra. Este tipo de ataque é difícil de detetar numa rede e prejudica gravemente a comunicação entre os nós. Este tipo de ataque pode ser evitado através da utilização de *"packet leashes"* que autenticam a informação temporal do pacote para detetar pacotes falsos na rede [14].

(b) *Ataque de buraco negro*: Neste tipo de ataque, um nó anuncia uma métrica zero para todos os destinos, fazendo com que todos os nós à sua volta encaminhem os pacotes para ele. O protocolo AODV é vulnerável a este tipo de ataque. Mais pormenores sobre este ataque podem ser encontrados em [15].

Após uma análise dos desafios na conceção de um protocolo seguro e dos ataques, a secção seguinte analisa alguns protocolos de encaminhamento seguro para redes ad hoc.

3.2.2 Protocolo de encaminhamento seguro e eficiente do vetor de distância ad hoc (SEAD)

O *protocolo de encaminhamento seguro e eficiente do vetor de distância ad hoc* (*Secure and Efficient Ad hoc Distance vetor routing protocol* - SEAD) [16] baseia-se no protocolo de encaminhamento *DSDV-SQ* (que é uma versão modificada do protocolo de encaminhamento *DSDV*). Utiliza funções de hash unidireccionais eficientes para autenticar o limite inferior da métrica da distância e o número de sequência na tabela de encaminhamento. Mais especificamente, para autenticar um determinado número de sequência e métrica, o nó gera um valor inicial aleatório $\mathbf{x}\ \mathbf{C}\ \mathbf{(0,1)}^{p}$ onde **p** □é o comprimento em bits da saída da função hash, e calcula a lista de valores $h_0, h_1, h_2, h_3, \ldots, h_n$, em que $h_o = x$, e $h_i = H(h\text{-}1)$ para $0 < i \leq n$, para algum n. Como exemplo, dado um valor h_i autenticado, um nó pode autenticar h_{i-3} calculando **H (H (H (*hi-3*)))** e verificando que o valor resultante é igual a h_i.

Cada nó utiliza um elemento autêntico da cadeia de hash em cada atualização de encaminhamento que envia sobre si próprio com a métrica 0. Isto permite a autenticação do limite inferior da métrica noutras actualizações de encaminhamento para esse nó. A utilização de um valor hash correspondente ao número de sequência e à métrica numa entrada de atualização de encaminhamento impede qualquer nó de anunciar uma rota superior ao número de sequência atual do próprio destino. O nó recetor autentica a atualização de rota aplicando a função de hash de acordo com o valor de hash autêntico obtido anteriormente e compara-o com o valor de hash na mensagem de atualização de rota. A mensagem de atualização é autêntica se ambos os valores coincidirem. A fonte deve ser autenticada usando algum tipo de mecanismo de autenticação de difusão, como o TESLA [16]. Para além das funções de hash utilizadas, o SEAD não utiliza *o tempo médio de estabilização* para o envio de actualizações desencadeadas, como no DSDV, a fim de evitar a escuta de nós vizinhos.

O SEAD previne contra vários tipos de ataques de negação de serviço. Também evita a formação de loops de encaminhamento. No entanto, não impede o *ataque wormhole*, que foi discutido na secção anterior.

3.2.3 ARIADNE

O protocolo de encaminhamento ARIADNE [17], proposto por Yi-Chun Hu, Adrian Perrig, etc., previne contra vários tipos de ataques *activos* e *passivos*. Os ataques activos são aqueles em que um nó malicioso espia uma rede e injeta pacotes falsos. Por outro lado, os ataques passivos são ameaças contra a confidencialidade da comunicação e não contra o funcionamento da rede. Os ataques activos podem ser de vários tipos, como o Active-0-1 (em que o atacante possui um nó), o Active-1-x (em que o atacante possui um nó comprometido e distribui as chaves criptográficas aos seus x-1 outros nós) e o Active-y-x. Além disso, um atacante que tenha nós comprometidos é designado por atacante VC ativo quando possui todos os nós através de um corte de vértice na rede que divide os nós bons em vários conjuntos, forçando assim os nós bons a comunicar através dos nós atacantes. O ataque wormhole é um exemplo deste tipo de ataque.

O protocolo ARIADNE é um protocolo de encaminhamento seguro baseado no DSR, que resiste ao comprometimento dos nós e utiliza criptografia eficiente de chave simétrica. O pressuposto do ARIADNE é que os nós podem autenticar as mensagens de encaminhamento utilizando três esquemas - segredos partilhados entre cada par de nós, segredos partilhados entre os nós comunicantes combinados com autenticação por difusão ou utilizando assinaturas digitais. O ARIADNE funciona em duas fases, a descoberta de rotas e a manutenção de rotas, à semelhança do DSR. Estas fases são descritas de seguida.

(a) *Descoberta de rotas*: Para autenticar os pacotes RREQ, cada nó de origem acrescenta um código de autenticação de mensagem (MAC) calculado com a chave partilhada entre a origem e o destino (KSD). Para verificar os nós intermédios num pacote RREQ, cada nó ao longo do caminho da origem ao destino autentica a nova informação no pacote RREQ utilizando uma chave TESLA [18]. O nó de destino armazena em buffer o pacote RREP até que os nós intermédios possam libertar as suas chaves TESLA correspondentes, após o que é satisfeita uma condição de segurança. Agora, o destino acrescenta um MAC ao pacote RREP com hash KSD e encaminha-o no caminho inverso para o nó de origem. Além disso, para evitar que um nó malicioso remova qualquer salto anterior da rota, é utilizada uma técnica chamada hashing por salto [17].

(b) *Manutenção da rota*: A manutenção da rota no ARIADNE é semelhante à do DSR, em que um nó que reencaminha um pacote para o próximo salto ao longo da rota de origem envia um pacote RERR de volta ao nó de origem se não conseguir entregar o pacote ao próximo salto.

O nó remetente autentica um pacote RERR verificando o tempo de atraso na receção do pacote. Utilizando um mecanismo como o TESLA, cada nó que será capaz de autenticar o pacote RERR coloca-o em buffer até que possa ser autenticado.

A Ariadne previne contra os ataques activos e passivos acima descritos. Mais especificamente, previne ataques que utilizam a fabricação, como a formação de loops de encaminhamento por spoofing. Também previne contra o ataque de buraco negro, utilizando o mecanismo de hashing por salto, e contra muitos tipos de ataques de negação de serviço (DoS) devido à inundação de pacotes de pedido de itinerário na rede. Além disso, também é eficiente, uma vez que se baseia num protocolo reativo que tem um melhor desempenho do que os protocolos orientados por tabelas e a criptografia de chave simétrica.

3.2.4 Encaminhamento autenticado para redes ad hoc (ARAN)

O Authenticated Routing for Ad hoc Networks (ARAN) [13] é um protocolo de encaminhamento seguro baseado no protocolo AODV. O pressuposto do ARAN é que cada nó tem um certificado assinado por uma autoridade de confiança. Os mecanismos de descoberta e manutenção de rotas baseiam-se no AODV e são elaborados da seguinte forma

Suponhamos que um nó de origem S quer descobrir uma rota para o nó de destino D. Suponhamos também que A, B e C são três nós intermédios no caminho de S para D, que os seus certificados são certA, certB e certC e que as suas chaves privadas são Ka, Kb, Kc, respetivamente. Durante a fase de descoberta da rota, um nó de origem transmite um pacote RREQ assinado com a sua chave pública. O pacote contém o endereço D do nó de destino, o certificado certS do nó de origem, um nonce N e um carimbo de data/hora t. O nonce e o carimbo de data/hora garantem que a rota é recente. Uma sequência de mensagens de descoberta de rota é mostrada abaixo:

$$S \rightarrow * : (RREQ, D, cert_S, N, t)\ K_s$$

$$A \rightarrow * : ((RREQ, D, cert_S, N, t)\ K_s)\ K_a, cert_A$$

$$B \rightarrow * : ((RREQ, D, cert_S, N, t)\ K_s)\ K_b, cert_B$$

$$C \rightarrow * : ((RREQ, D, cert_S, N, t)\ K_s)\ K_c, cert_C$$

(NOTE: * denotes a broadcast)

Como se vê, cada nó intermédio (como A, B ou C) que reencaminha o pacote RREQ verifica a(s) assinatura(s) do nó anterior no pacote, extraindo a chave pública do certificado. Além disso, remove a assinatura do nó anterior, assina o pacote RREQ com a sua própria chave privada, acrescenta o certificado ao cabeçalho e transmite o pacote aos seus nós vizinhos. Este processo continua até que o pacote chegue ao destino D.

$$D \rightarrow C : (RREP, S, cert_D, N, t)\ K_d$$

$$C \rightarrow B : ((RREP, S, cert_D, N, t)\ K_d)\ K_c, cert_C$$

$$B \rightarrow A : ((RREP, S, cert_D, N, t)\ K_d)\ K_b, cert_B$$

$$A \rightarrow S : ((RREP, S, cert_D, N, t)\ K_d)\ K_a, cert_A$$

Ao receber o RREQ, D cria um pacote de resposta ao itinerário (RREP), acrescenta o endereço de origem S, o seu próprio certificado certD, um nonce e um carimbo de data/hora e assina-o com a sua chave privada. Uma rota intermédia C, ao receber o pacote RREP, verifica, por sua vez, a(s) assinatura(s) do nó anterior. Por exemplo, quando o nó B recebe o pacote RREP do nó C, verifica a assinatura do nó C. Em seguida, remove o certificado de C, assina o pacote com a sua própria chave privada Kb, adiciona o seu certificado certB e envia-o para o próximo nó A no caminho inverso, como se mostra acima. Os nós B e A também adicionam uma entrada na tabela de encaminhamento para o nó D, indicando que o próximo salto é C e B, respetivamente. Quando o nó B descobre uma ligação quebrada a C, inicia a manutenção da rota, como se mostra:

$$B \rightarrow A : ((RERR, S, D, cert_B, N, t)\ K_b)$$

$$A \rightarrow S : ((RERR, S, D, cert_B, N, t)\ K_b)$$

Assim, envia um pacote RERR, o endereço do nó de origem, o endereço de destino, o seu próprio certificado $cert_B$, um nonce e um carimbo de data/hora assinado com a sua chave privada para o seu nó anterior A. O nó A reencaminhará este pacote inalterado para o nó de origem S.

O ARAN evita ataques que modificam as informações de encaminhamento, uma vez que utiliza a autenticação por chave pública. No entanto, é vulnerável a ataques DoS que inundam a rede com pacotes falsos, devido à utilização de certificados que exigem grande largura de banda e capacidade de processamento dos nós.

3.2.5 Protocolo de encaminhamento seguro (SRP)

O protocolo de encaminhamento seguro (SRP) [19] alarga os protocolos reactivos, como o DSR, acrescentando um cabeçalho SRP de 6 bytes ao pacote IP. O pressuposto do SRP é que existe uma associação de segurança entre um par de nós de origem (S) e de destino (T), o que pode ser conseguido através da utilização de uma chave partilhada KST.

No processo de descoberta de rotas, um nó de origem S transmite um pacote RREQ semelhante ao DSR. No entanto, é acrescentado um cabeçalho adicional ao pacote do protocolo de encaminhamento subjacente, como mostra a figura 3.6.

0 1 2 3

0 1 2 3 4 5 6 7 8 9 0 1 2 3 4 5 6 7 8 9 0 1 2 3 4 5 6 7 8 9 0 1

Type	**Reserved**
Query Identifier	
Query Sequence Number	
SRP MAC	

Figura 3.6: O cabeçalho SRP para o pacote de pedido de rota

O cabeçalho SRP consiste num número de *sequência* de *consulta*, que é um número de sequência de 32 bits, monotonamente crescente, mantido por S para cada nó de destino T. É incrementado para cada pedido enviado pela fonte para esse destino específico. O *identificador de pedido* é um identificador de 32 bits gerado aleatoriamente que é utilizado pelos nós intermédios para identificar o pedido. É utilizado para fornecer proteção contra ataques de fabricação [13]. O MAC SRP é um valor de 96 bits calculado utilizando a chave partilhada KST entre o nó de origem e o nó de destino. Este valor valida a integridade do pacote de encaminhamento e também autentica a origem do pacote de encaminhamento.

Quando um nó intermédio recebe o pacote RREQ, verifica a existência do cabeçalho SRP. Se não existir, descarta o pacote, caso contrário adiciona o endereço IP da origem e do destino à sua tabela de encaminhamento. Também descarta o pacote se o par origem-destino já existir na sua tabela de encaminhamento. Além disso, acrescenta o seu próprio endereço IP ao pacote de pedido e retransmite-o aos nós vizinhos.

Quando o nó de destino recebe o pacote RREQ, verifica a integridade do pacote calculando o MAC do pacote utilizando a chave KST e verificando se é igual ao MAC do SRP. Se forem iguais, o remetente (S) do pacote é autêntico. Além disso, o nó de destino também verifica se o número de sequência da consulta (Qseq) no pacote RREQ é inferior ao valor máximo recebido por S (Smax). Se Qseq $\leq$ Smax, o pedido é considerado uma tentativa de ataque de repetição e descartado.

O nó de destino T envia um pacote de resposta para cada pedido válido. Este pacote contém o percurso acumulado, os campos Qseq e Qid do pacote RREQ e é submetido a hash utilizando uma função MAC. Quando o nó de origem recebe este RREP, verifica o endereço de origem, o endereço de destino e os campos Qseq e Qid, e descarta-o se não corresponder à entrada para o nó correspondente na sua tabela.

O SRP não protege os pacotes de manutenção de rotas, como o RERR, e delega esta funcionalidade num protocolo SMT (Secure Message Transmission) [19]. A principal vantagem do SRP é o facto de garantir a descoberta bem sucedida de rotas para um nó, mesmo na presença de nós intermédios maliciosos. Utiliza criptografia de chave simétrica eficiente e, por conseguinte, tem um desempenho melhor do que o ARAN. No entanto, exige uma associação de segurança entre um par de nós comunicantes, o que pode não ser prático em vários cenários de implantação.

REFERÊNCIAS

[1] C. Siva Ram Murthy, B.S. Manoj, "*Ad Hoc Wireless Networks : Architectures and Protocols*", Prentice Hall Publishers, maio de 2004, ISBN 013147023X

[2] C.-K. Toh, "*Ad Hoc Mobile Wireless Networks: Protocols and Systems*", Prentice Hall publishers, dezembro de 2001, ISBN 0130078174

[3] C. Perkins and P. Bhagwat, *Highly Dynamic Destination-Sequenced Distance-Vetor Routing (DSDV)* for Mobile Computers. Em Proc. da ACM SIGCOMM, outubro de 1994.

[4] Shree Murthy, J.J. Garcia-Luna-Aveces, "*A Routing Protocol for Packet Radio Networks*", Proc. ACM International Conference on Mobile Computing and Networking, pp. 86-95, novembro de 1995

[5] C.-C. Chiang, "*Routing in Clustered Multihop, Mobile Wireless Networks with Fading Channel*," Proc. IEEE SICON '97, Apr. 1997, pp. 197-211.

[6] [em linha] Laboratório Secan, Universidade do Luxemburgo, Luxemburgo.

http√⁄wiki.uni.lu⁄secan-lab⁄Distributed+BeΠman-Ford.⅛ml

[7] [em linha] Laboratório Secan, Universidade do Luxemburgo, Luxemburgo.

http://wiki.uni.lu/secan-lab/Count-To-Infmity+Problem.html

[8] D B. Johnson, D A. Maltz, e Y. Hu, "*The dynamic source routing protocol for mobile ad hoc network*," Internet-Draft, abril de 2003.
http://www.ietf.org/internet-drafts/draft-ietf-manet-dsr-09.txt

[9] C.E. Perkins, E. Royer, e S.R. Das, "*Ad hoc on demand distance vetor (AODV) routing*", Internet Draft, março de 2000.

[10] Samir R. Das, Charles E. Perkins, Elizabeth M. Royer e Mahesh K. Marina. *"Performance Comparison of Two On-demand Routing Protocols for Ad hoc Networks" [Comparação do desempenho de dois protocolos de encaminhamento a pedido para redes ad hoc].* IEEE Personal Communications Magazine special issue on Ad hoc Networking, fevereiro de 2001, p. 16-28.

[11] David B Johnson e David A Maltz. *"Dynamic source routing in ad hoc wireless networks".* Em Imielinski e Korth, editores, Mobile Computing, volume 353. Kluwer Academic Publishers, 1996.

[12] Haas Z.J, " *A new routing protocol for the reconfigurable wireless network" (Um novo protocolo de encaminhamento para a rede sem fios reconfigurável).* In Proceedings of the 1997 IEEE 6th International Conference on Universal Personal Communications, ICUPC '97, San Diego, CA, outubro de 1997; pp. 562 -- 566.

[13] Kimaya Sanzgiri, Bridget Dahill, Brian Neil Levine, Clay Shields e Elizabeth M. Belding royer. *"A Secure Routing Protocol for Ad Hoc Networks" (ARAN)* Na Conferência Internacional sobre Protocolos de Rede (ICNP), Paris, França, novembro de 2002.

[14] Stefano Basagni, Marco Conti, Silvia Giordano, Ivan Stojmenovic, "*Mobile Ad Hoc Networking*", ISBN: 0-471-37313-3, Wiley-IEEE Press: *Capítulo 12: Segurança das redes ad hoc*

Pietro Michiardi, Refik Molva

[15] Hongmei Deng, Wei Li e Dharma P. Agrawal, "*Routing Security in Wireless Ad Hoc Network*", IEEE Communications Magzine, vol. 40, n.º 10, outubro de 2002.

[16] Yih-Chun Hu, David B. Johnson, Adrian Perrig. *"SEAD: Secure Efficient Distance Vetor Routing for Mobile Wireless Ad Hoc Networks",* Fourth IEEE Workshop on Mobile Computing Systems and Applications (WMCSA '02), pp: 3-13, Jun 2002.

[17] Yih-Chun Hu, Adrian Perrig, David B. Johnson. *"Ariadne: A secure On-Demand Routing Protocol for Ad hoc Networks"* MobiCom 2002, September 23-28, 2002, Atlanta, Georgia, USA.

[18] A. Perrig, R. Canetti, D. Tygar e D. Song, "*The TESLA Broadcast Authentication Protocol*", Cryptobytes, Volume 5, n.º 2 (RSA Laboratories, verão/fevereiro de 2002), pp. 2-13.

[19] P. Papadimitratos e Z. Haas. *"Secure routing for mobile ad hoc networks" (SRP)* SCS Communication Networks and Distributed Systems Modeling and Simulation Conference, pp. 27--31, janeiro de 2002.

[20] S. Capkun, L. Buttyan e J-P Hubaux. "*Self-Organized Public-Key Management for Mobile Ad Hoc Networks*", *IEEE Transactions on Mobile Computing, Vol. 2, No. 1*, Jan-Mar 2003, pp. 52-64

[21] Srivastava P, Kumar R. An Optimal Fuzzy Load Balanced Adaptive Gateway Discovery for Ubiquitous Internet Access in MANET. InSistemas Fuzzy: Conceitos, Metodologias, Ferramentas e Aplicações 2017 (pp. 663-681). IGI Global.

[22] Swain J, Pattanayak BK, Pati B. Estudo e análise de problemas de encaminhamento em MANET. Comunicação Inventiva e Tecnologias Computacionais (ICICCT), 2017, (pp. 506-509). IEEE.

MIX
Papier aus verantwortungsvollen Quellen
Paper from responsible sources
FSC® C105338

Printed by Books on Demand GmbH, Norderstedt / Germany